51

Lib 483.

LES
OPINIONS POLITIQUES
DE LA FRANCE
DÉVOILÉES,

OU QUEL EST LE DÉSIR

DES RÉPUBLICAINS, NAPOLÉONISTES,
CARLISTES ET ORLÉANISTES,

POURQUOI LE COMMERCE NE VA PAS,
ET LE MOYEN DE LE FAIRE REFLEURIR,

Par F. F. Legrand d'Orléans,

Élève de la Nature,

AUTEUR DE PLUSIEURS OUVRAGES,

CHASSEUR DE LA 6e LÉGION, 3e BATAILLON, 3e COMPAGNIE,

> Les diverses opinions
> Font le malheur des nations.

Prix : 50 centimes.

PARIS,
CHEZ L'AUTEUR, RUE SAINT-DENIS, N° 394,

GARNIER, LIBRAIRE, RUE DE VALOIS, N° I,

VIMONT, PASSAGE VÉRO-DODAT;

ET TOUS LES MARCHANDS DE NOUVEAUTÉS.

1831.

PARIS. — IMPRIMERIE DE CARPENTIER-MÉRICOURT,
Rue Trainée, n. 15, près Saint-Eustache.

LES
OPINIONS POLITIQUES
DE LA FRANCE
DÉVOILÉES.

Dialogue Patriotique.

———————

UN PATRIOTE ET SON AMI.

L'Ami. — A quoi réfléchis-tu donc, mon cher Patriote ?

Le Patriote. — Aux diverses opinions politiques qui règnent en France.

L'Ami. — J'en connais quatre, celle des Républicains, Napoléonistes, Carlistes et Orléanistes ; si tu voulais me dire ta façon de penser, sur chacune d'elles, tu me ferais plaisir.

Le Patriote. — Je commence par celle des Républicains ; ce sont des hommes qui ne pensent qu'à leur intérêt personnel ; ils savent très-bien qu'une République

4

est impossible en France, qu'on en a mille preuves pour
une; ils ne la demande que dans l'espérance d'avoir des
places, il y en a toujours de vacantes dans un changement
de gouvernement; ils voudraient une République parce
que les places ne s'y donnent que pour quelques an-
nées, un même homme y a rarement plusieurs fois le
pouvoir en sa vie, sitôt qu'il l'a, il commence par
s'enrichir, il se dépêche, ayant peu de temps le pouvoir à sa disposition, pour y parvenir tous les moyens
lui sont bons, il ne craint pas les reproches de son suc-
cesseur, il agira comme lui. Jamais le Français, par son
caractère, ne pourra vivre en République; il aime le
luxe, l'industrie et les arts. Les Républicains de la Grèce
et de Rome ne savaient que cultiver la terre et combattre.
Le commerce ne s'y faisait que par leurs esclaves, et l'industrie, les beaux-arts ne s'y cultivaient que par eux, té-
moins Ésope et Térance. Pour que tu comprennes mieux
ce que c'est qu'un gouvernement républicain, je vais te
dire l'article du mot *République*, tiré du Dictionnaire
des Notions primitives :

« *République*. État où le gouvernement ou la souve-
» raineté réside dans le corps de la nation ou appartient
» aux nobles. Dans le premier cas, la *République* est nom-
» mée *Démocratie*, et dans le second *Aristocratie*. Le
» maintien de l'égalité est le grand principe du gouverne-
» ment intérieur des *démocraties*; dans les *aristocraties*,
» le peuple est envers les nobles ce que sont les sujets en-
» vers le monarque; le corps entier du peuple ou celui
» de la noblesse choisissent entre eux un certain nombre
» de membres, pour former un Conseil ou Sénat, à qui

» ils confient les droits de la souveraineté. *Le peuple*, dit
» M. de Montesquieu, *est admirable pour choisir ceux à*
» *qui il doit conférer une partie de son autorité; mais saura-t-*
» *il conduire une affaire, connaître les lieux, les occasions,*
» *les momens pour en profiter, non, il ne le saura pas.*
» Voilà donc un très-grand inconvénient inséparable du
» gouvernement républicain. L'amour de la patrie est né-
» cessairement plus actif dans un État où tout citoyen est
» membre de la souveraineté; mais aussi, lorsque cet
» État se divise tout est en combustion, chacun veut faire
» prévaloir son opinion, la guerre civile est d'autant plus
» cruelle qu'aucune autorité n'est assez forte pour impo-
» ser la paix, et que les brigues ne peuvent être conte-
» nues par la crainte d'aucune peine personnelle; il est
» certain que toutes les formes de gouvernemens sont
» susceptibles d'avantages et d'abus particuliers; il n'est
» pas moins vrai que, dans les Monarchies, les avantages
» sont bien plus considérables, et qu'il y a moins d'incon-
» véniens à calculer. L'Angleterre, dont le gouvernement
» est très-républicain, ne subsiste qu'à la faveur d'un
» Roi; c'est ainsi que dans les climats où l'esprit d'indé-
» pendance et de liberté est le plus estimé, on est forcé
» de se rapprocher du gouvernement dont l'autorité
» paternelle est le type. Dans les premiers siècles,
» l'histoire ne nous présente aucune *République*, nous ne
» voyons que des Rois; ce ne fut qu'à l'époque où les
» Rois se transformèrent en tyrans, que les sujets secouè-
» rent leur joug, et imaginèrent de se gouverner eux-
» mêmes. Les premières *Républiques* ne connurent ni
» corps de nobles, ni représentans de la nation; les ci-

» toyens de chaque ville s'assemblaient et décidaient dans
» leurs assemblées de leurs intérêts. Cette forme de gou-
» vernement prévalut; l'Europe, l'Asie, l'Afrique étaient
» en *République*, il fallait se transporter jusqu'en Perse
» pour y trouver une Monarchie; mais lorsque la *Répu-*
» *blique* romaine fut devenue assez puissante pour subju-
» guer toutes les autres, on songea de nouveau à élire des
» Rois, comme plus propres à remédier plus prompte-
» ment aux maux et à éloigner les troubles qui naissent de
» la diversité des opinions; aujourd'hui la forme du gou-
» vernement républicain ne saurait plus convenir qu'aux
» petits États, cela est si vrai, que toute *République* qui
» s'occupe de projet d'agrandissement tend à sa ruine. »

Voltaire a dit aussi, en parlant du gouvernement républicain :

« Il y a bien peu de Républiques dans le monde, en-
» core doivent-elles leur liberté à leurs rochers ou à la
» mer qui les défendent. Les hommes sont très-rarement
» dignes de se gouverner eux-mêmes; une République
» n'est point fondée sur la vertu, elle l'est sur l'ambition
» de chaque citoyen qui contient l'ambition des autres ;
» sur l'orgueil, qui réprime l'orgueil ; sur le désir de do-
» miner, qui ne souffre pas qu'un autre domine ; de là se
» forment des lois qui conservent l'égalité autant que
» possible ; c'est une société où des convives, d'un appétit
» égal, mangent à la même table, jusqu'à ce qu'il vienne
» un homme vorace et vigoureux qui prenne tout pour
» lui et ne leur laisse que les miettes. »

7

Voltaire a dit, en parlant des Rois :

« Avouons qu'un véritablement bon Roi est le plus
» beau présent que le ciel puisse faire à la terre, un Roi
» honnête homme forme des hommes comme lui.

» Un monarque éclairé n'est pas un Roi pédant,
» Il combat en héros, il pense en vrai savant.

Louis-Philippe est bon, il est éclairé, il doit donc régner
sur nous ; avec lui et la charte constitutionnelle nous ne
pouvons qu'être heureux.

L'Ami. — Que me diras-tu des Napoléonistes ?

Le Patriote. — Les Napoléonistes sont, pour la plupart, des admirateurs du génie du grand Napoléon, qui
pensent que son fils doit lui ressembler, ce qui est impossible ayant été élevé par la maison d'Autriche. Parmi les
Napoléonistes, il y en a beaucoup qui ne demandent Napoléon II que dans l'espérance d'avoir des places, et pensent plus à leur intérêt personnel qu'à celui de la patrie.
Si Napoléon II était sur le trône, ce ne serait pas lui qui
nous gouvernerait, mais le cabinet d'Autriche, et avant
peu l'Autriche et la France ne formeraient qu'un seul
royaume, et adieu pour toujours le beau règne de la
Charte. Tout nous prouve que Napoléon II ne ressem-
blera jamais à son père ; il n'a point reçu la même éduca-

tion, il n'a point le même amour pour l'étude et la gloire; on sait que notre enfance ressemble à une pâte, qui tant qu'elle est humide, reçoit la forme que nous voulons lui donner, mais une fois qu'elle est sèche elle ne peut plus changer. Notre enfance finit à quinze ans, Napoléon II en a davantage, son école fut celle du despotisme, il ne peut donc régner sur les Français.

L'AMI. — Que penses-tu des Carlistes?

LE PATRIOTE. — Carlistes ou Jésuites pour moi sont synonymes, ce sont des hommes qui n'ont jamais connu l'amour de la patrie et de l'humanité. Ils ne respirent que pour de l'or et des places, peu leur importe qui gouverne la France pourvu qu'ils aient quelque part au pouvoir; et pour y parvenir ils bouleverseraient le ciel et la terre; la *surprise*, la *ruse* et l'*hypocrisie* sont leurs armes favorites. Leur opinion en conduit beaucoup au fanatisme, et tout fanatique méconnaît la voix de l'honneur et de la nature. Parmi les Carlistes il y a des honnêtes gens sans doute; ceux-là ne sont pas à craindre, ils ne sont qu'égarés ou attachés à leur parti par la voix de la reconnaissance; le parti le plus exécrable fait par fois des heureux, il y est même obligé pour avoir dans son sein quelques honnêtes gens, mais faibles de caractère. On ne peut refuser à la plupart des Jésuites d'avoir de l'éloquence, avec laquelle on séduit bien des hommes, d'avoir aussi de l'or, avec lequel on en séduit davantage, c'est pourquoi je dis :

Si vous flattez l'amour-propre de l'homme;

Il est pour vous une bête de somme,
La flatterie à de l'or le pouvoir;
C'est par eux deux que l'on fait tout mouvoir.
Peu de mortels n'adorent point leurs charmes,
A leur aspect on brave mille allarmes.

L'Ami. — Que vas-tu me dire des Orléanistes?

Le Patriote. — T'en parler avec la même franchise que des autres. Les vrais Orléanistes, car dans tous les partis il y a de faux et de vrais partisans; les faux sont ceux que l'intérêt personnel fait agir; les autres l'amour de leur parti, donc les vrais Orléanistes sont patriotes; ils aiment Louis-Philippe parce qu'il a des vertus, et qu'il est le sauveur de la France; je vais te le prouver : si Louis-Philippe n'eût pas été à Paris à l'époque de notre mémorable révolution de juillet 1830, s'il eût refusé la couronne que le peuple français lui offrait, Paris était livré au pillage, non par les révolutionnaires de juillet, mais par les malveillans qui s'étaient glissés dans leurs rangs; les articles vicieux de la Charte n'auraient pas été supprimés si Louis-Philippe n'eût pas été Roi, la guerre civile était inévitable entre nous, et par elle nous tombions dans l'esclavage. Tout nous répond de Louis-Philippe, c'est un citoyen vertueux, un bon père de famille, tous ses biens sont en France, et n'avons pas besoin de l'enrichir; il est économe, il aime le commerce, l'industrie et les beaux-arts, il est philosophe, et, comme l'a dit Voltaire, *sous un Roi philosophe le peuple est toujours heureux.* Voltaire connaissait les hommes.

L'Ami. — Tu parles-là en Orléaniste.

Le Patriote. — Je ne m'en cache pas ; les vertus de Louis-Philippe m'ont séduit avant qu'il ne fût Roi, ma lyre les a célébrées lorsqu'il n'était encore que duc d'Orléans, et s'il cessait d'être vertueux, je cesserais d'être son partisan ; mais avant je lui ferais savoir pourquoi ; j'ai pour maxime que de ,

> Taire la vérité
> C'est aimer la bassesse ,
> Et pour l'impiété
> Avoir de la faiblesse,
> Aux hommes comme aux Rois
> Il faut toujours la dire,
> Nous perdons tous nos droits
> En fuyant son empire.

L'Ami. — Tu dois savoir qu'il est bon par fois de taire la vérité ?

Le Patriote. — Je ne connais qu'un seul cas où l'on puisse la taire, c'est celui où la vérité ne servirait pas à réparer le mal qui est fait ou d'exemple ; en toute autre occasion il faut la dire, quelque dure qu'elle soit, qui ne le fait pas ne peut aimer ni sa patrie ni le bien de l'humanité. Louis-Philippe aime la vérité autant que la Charte, toutes deux, pour lui, ne font qu'une ; sa devise est *union, honneur.* Avant peu, je l'espère, le plus grand nombre des partis se rangera sous sa bannière, plus on le connaît, plus on l'aime. On sait qu'il a pour maxime,

Qu'avec une âme noble et fière,
Du déshonneur ou de la mort,
On préférera la dernière
On bravera les coups du sort,
Qu'on peut nous ravir l'existence,
Qu'on ne peut rien sur notre honneur,
Nous possédons seul la puissance
De le bannir de notre cœur.

Quiconque pense ainsi ne peut cesser d'être honnête homme et de faire des heureux selon son pouvoir.

L'AMI. — Ne penses-tu pas comme moi, que la liberté de la presse est trop grande ?

LE PATRIOTE. — Elle ne l'est jamais de trop, c'est une loi qui manque pour empêcher la licence de certains écrits auxquels elle donne le jour. Dans cette loi, il n'y aurait qu'à défendre aux imprimeurs de ne rien imprimer, pas même un article de journal, sans que le véritable nom de l'auteur y soit, et que l'auteur soit obligé de donner son adresse à l'imprimeur, quiconque en donnerait une fausse serait puni, l'imprimeur serait forcé de la donner à la personne qui viendrait la demander (en prouvant qu'elle est insultée dans l'ouvrage), pour qu'elle puisse obtenir justice ou se la faire rendre par la voie des tribunaux, qui n'exigeraient rien des personnes attaquées dans un écrit quelconque ; c'est alors que les libelles et les articles injurieux des journaux cesseraient de paraître. Les libellistes ne signent jamais leurs écrits, en s'y voyant forcés ils cesseront d'écrire, ils sont trop lâches pour

attaquer en face les personnes qu'ils veulent perdre de
réputation, ce serait les y forcer en mettant leur nom à
leur ouvrage, ou de n'être pas imprimé. Tous libellistes
et conteurs de fausses et mauvaises nouvelles sont nuisi-
bles à leur patrie. C'est pourquoi je dis:

Le libelliste et l'assasssin
Peuvent se donner la main.
Le libelliste calomnie,
L'assassin nous ôte la vie,
D'un mortel outrageant l'honneur
N'est-ce pas lui percer le cœur.

L'AMI. — Une pareille loi ferait beaucoup de bien.
Pourrais-tu me dire pourquoi le commerce ne va pas?

LE PATRIOTE. — Une des premières causes, c'est
la diversité des opinions, dont chacune prétend que
c'est son parti qui doit triompher : alors, dans la crainte
d'un nouveau changement de gouvernement, chacun
garde son argent, le peu qui circule est celui des patriotes ; la seconde, c'est qu'il y a beaucoup de gens qui
pourraient faire travailler, et qui ne le font pas, pour
mettre l'ouvrier aux abois, et le faire révolter en faveur
de leur parti. Tant que les hommes ne sauront pas sacri-
fier leurs vaines opinions au bonheur de la patrie, et ne
penseront qu'à leur intérêt personnel, le commerce sera
toujours en suspens. Je ne connais qu'un moyen pour
le faire refleurir, c'est que tous les honnêtes gens cessent
d'ajouter foi aux contes absurdes et à l'avenir effrayant

pour la France, que répandent les ultras, républicains, napoléonistes et carlistes : les modérés de ces trois opinions ne nuisent point au commerce par leurs fausses alarmes, ils n'y nuisent que par la crainte qu'ils ont d'un changement de gouvernement, ce qui leur fait resserrer leur argent. De tels hommes ne sont qu'égarés, beaucoup commencent déjà à s'apercevoir que les sentimens de Louis-Philippe nous assurent un avenir heureux, et nous l'aurons, aussitôt que la majeure partie des Français deviendront patriotes, c'est-à-dire vrais Orléanistes.

L'AMI. — Sais-tu qu'il y a beaucoup de gens qui disent que Louis-Philippe n'est pas roi par droit de naissance.

LE PATRIOTE. — Est-ce que le premier qui fut roi le fut par droit de naissance ? Louis-Philippe fut élu roi par la nation ; cela vaut bien le droit de naissance. Avant Louis-Philippe, il n'y avait que des rois de France, et il est le premier roi des Français, il n'est donc pas usurpateur comme il y en a qui le donnent à entendre, c'est le mérite qui fait l'homme, et non pas la naissance ; on ne lui doit donc aucune préférence, à moins que la naissance ne s'accorde avec les vertus. Un homme d'une grande naissance, a plus la facilité de s'instruire que celui d'une petite, il est plus à portée de se procurer des connaissances utiles au bien public ; il est des lumières qu'on ne peut acquérir qu'à force d'argent. Louis-Philippe a l'une et l'autre, et de plus des vertus ; il est donc digne de régner sur nous. Quiconque désire un autre roi, ne peut être qu'un ennemi de la patrie ou un être égaré par les préjugés, c'est pourquoi je dis que

Les préjugés et l'ignorance,
Du bonheur chassent la présence.
Les mortels ne seront heureux
Qu'en les bannissant de chez eux.

L'AMI — Il n'est que trop vrai que les préjugés font faire bien des sottises.

LE PATRIOTE. — Il n'en font faire qu'aux êtres sans caractère, aux ignorans, il faut être dépourvu de bon sens pour être partisan des préjugés, ce sont eux et la superstition qui, de tout temps, ont fait le malheur du genre humain, et les mortels jouiront du parfait bonheur lorsqu'ils n'auront plus de préjugés et qu'ils ne seront plus superstitieux. Je te le répète, tous ceux qui veulent un autre gouvernement que celui de Louis-Philippe, ne sont que des ambitieux dont je veux te faire le portrait en quatre vers :

L'ambitieux méconnaît la nature,
Et de l'honneur il ne sait que le nom,
Dans ses desseins il est faux et parjure,
Pour réussir, selon lui, tout est bon.

L'AMI. — Sais-tu que tu es très-laconique dans tout ce que tu dis ?

LE PATRIOTE. — Tu n'est pas le seul qui me le dise,

je n'aime pas les phrases inutiles. Malgré mon grand laconisme, je crois être compris, et c'est tout ce que je demande; je sais bien que l'on pouvait s'étendre davantage snr tout ce que je viens de te dire concernant les opinions qui règnent en France, ce que je t'en ai dit n'est que ma façon de penser à leur sujet, et non un ouvrage; ce que j'ai dit est assez pour faire voir combien la diversité des opinions est dangereuse pour une nation. Tous les mortels ne devraient avoir qu'une seule opinion, celle qui veut le bien de son pays et de ses semblables, c'est un être sans raison ou un égoïste qui demande un changement de gouvernement, lorsque celui qui nous gouverne est un homme vertueux; ce n'est que d'un tyran dont on doit vouloir la déchéance, et je termine notre entretien, en te disant que l'on prouve l'amour que l'on a pour sa patrie et pour le bien de l'humanité, lorsque sans nulle vue d'intérêt personnel et sans amour propre on sacrifie pour eux sa fortune et sa vie.